Ilayda

Basado en las historias de Pooh escritas por A. A. Milne
(copyright The Pooh Properties Trust)

2003 EDICIONES GAVIOTA, S. L.
Manuel Tovar, 8
28034 MADRID (España)

ISBN: 84-392-1227-5
Depósito legal: LE. 158-2003
Printed in Spain – Impreso en España
EDITORIAL EVERGRÁFICAS, S. L.
Carretera León – La Coruña, km 5
LEÓN (España)

Disney

Winnie me enseña el

Agua

Ediciones Gaviota

¿Has utilizado hoy el agua? ¡Imagino que sí! Todos necesitamos agua, y como solía decir mi tío Torbett: «Lo mejor del agua es que está mojada». Se me ha ocurrido preguntar a mis amigos del Bosque de los Cien Acres qué es lo que más les gusta del agua. Y tú..., ¿también tienes algo que decir?

Conejo utiliza el agua para regar
sus zanahorias y conseguir que crezcan…

… o para preparar una rica taza de té a sus amigos.

A Ígor le gusta flotar boca arriba
en el agua...

… o bucear para contemplar los pececitos que viven en el agua.

A Pooh le encanta jugar en los charcos...

... y le gusta el sonido de las piedras al rebotar en el agua, cuando juega al salto de la rana.

Rito necesita mucha agua cuando
se baña...

.. y poca cuando se cepilla los dientes por la noche.

Kangu necesita agua para lavar
la ropa sucia…

... y también para fregar los platos.

A Tigger le encanta convertirse en capitán pirata en el lago, en verano...,

… pero en invierno, cuando el agua se congela, también le divierte patinar.

A Piglet le encanta mezclar el agua con
el zumo para beber limonada fresca al sol...

… pero sobre todo le gusta darse un largo baño con sus amigos.